Wok

Neues aus der Wunderpfanne

> Autor: Reinhardt Hess | Fotos: Brigitte Sauer

Inhalt

Die Theorie

Die Rezepte

Ein Topf geht um die Welt

Gäbe es ihn nicht schon, müsste er glatt neu erfunden werden – der Wok, das weltweit originellste Kochgerät. Doch weniger die Form, sondern die Garmethode haben ihn so erfolgreich gemacht: das schnelle Garen von klein geschnittenen Zutaten bei starker Hitze. Das ergibt leckere Gerichte mit viel Geschmack. Und da das am besten mit kleinen Mengen funktioniert, sind alle Rezepte für 2 Personen. Für mehr am Tisch gibt es einfach mehrere Gerichte. Geht ja alles ganz fix.

Super einfach – Kochen im Wok

1 | Was Sie alles brauchen

Das Wichtigste ist natürlich ein Wok. Für Elektroherde muss er einen flachen Boden haben und fest aufliegen, sonst nimmt er nicht genügend Hitze auf. Zum Wenden benötigen Sie eine Wok-schaufel – für beschichtete Töpfe aus hitzefestem Kunst-stoff oder aus Bambus. Außerdem einen Schaumlöffel oder Siebschöpfer. Und natürlich scharfe Messer.

2 | Kochen für Gäste

Der Wok ist der ideale Topf für den kleinen Haushalt, aber nicht für die Zuberei-tung größerer Portionen. So besteht ein Essen in Asien aus vielen kleinen Gerichten, die sich in Aussehen und Zusam-menstellung, in Würze und Konsistenz unterscheiden sol-len. Wenn Sie daher für mehr als zwei Personen kochen wollen, bereiten Sie einfach mehrere Gerichte vor, zube-reitet sind sie dann schnell.

3 | Alles vorbereiten

Sie können entweder die ein-zelnen Gänge nacheinander servieren oder, wie in Asien üblich, alle zugleich auf den Tisch stellen. Die Gerichte möglichst erst kurz bevor die Gäste eintreffen zubereiten, die fertigen in Schüsseln füllen und im Backofen bei 75° warm halten. Dabei alles eher etwas kürzer garen, die Zutaten ziehen noch etwas nach. Auf jeden Fall eine große Schüssel Reis zuberei-ten (siehe Grundrezept Seite 8), Reste können gut für die gebratenen Reisgerichte ab Seite 24 verwendet werden.

4 | Perfekt geplant

Rechnen Sie für jeweils zwei Personen ein Gericht, dazu noch eines »für die gesamte Runde«, so dass genügend Auswahl für jeden da ist, denn jeder soll von allen Gerichten probieren können. Reichen Sie vor dem Essen rohes Gemüse mit Sojasauce oder einem anderen Dip, ver-schiedene Nüsse und andere Kleinigkeiten, so wird es Ihren Gästen nicht langweilig, während Sie die einzelnen Gänge zubereiten. Halten Sie reichlich Getränke bereit – heißen grünen Tee, Mineralwasser mit wenig Kohlensäure, kühles Bier (am besten ein herbes Pils), nicht zu trockenen, aromatischen Weißwein und warmen Reis-wein – Vorsicht, er steigt sehr leicht in den Kopf.

5 | Gerichte zum Kombinieren

FÜR 4 PERSONEN

Menü 1:
Paprikaschoten mit Sesamöl (Seite 13)
Tintenfisch mit Kräutern (Seite 42)
Rindfleisch mit Cashewker-nen (Seite 56)

Menü 2:
Spinat mit Kichererbsen (Seite 20)
Safran-Reis mit Garnelen (Seite 26)
Reis mit Lamm und Gemüse (Seite 54)

Menü 3:
Gemüse mit Shiitake-Pilzen (Seite 14)
Fisch süßsauer (Seite 42)
Hähnchen in Currysauce (Seite 48)

Pannenhilfe

Fleisch hängt an

➤ Erst den Wok erhitzen, dann das hoch erhitzbare Öl zugießen und sehr heiß werden lassen – Sie erkennen das daran, dass es Wellen an der Oberfläche bildet. Jetzt den Wok umschwenken, damit die Wände vom heißen Öl benetzt werden. Das Fleisch rasch über den ganzen Wokboden verteilen und sofort mit dem Rühren und Wenden beginnen, damit es keinen Saft ziehen kann. Nicht zu viel auf einmal braten.

Das heiße Öl raucht

➤ Vermutlich haben Sie das falsche Öl verwendet. Es muss speziell zum Braten und Frittieren geeignet sein – das steht auf der Flasche drauf. In Asien wird Erdnussöl verwendet, gesundheitlich empfehlenswerter ist das raffinierte, nicht kaltgepresste Rapsöl.

Das Fleisch bleibt zäh

➤ Keine mageren, sondern leicht fettdurchwachsene (marmorierte) Stücke nehmen. Das Fleisch mindestens 30 Min. vor dem Braten aus dem Kühlschrank nehmen. Vor dem Kleinschneiden mit Küchenpapier trockentupfen. Vor dem Braten mit etwas Reismehl (Reformhaus, Bioladen) vermischen, das bildet eine Kruste und innen bleibt es saftig. Das Fleisch nie zu lange braten, es sollte innen fast rosig bleiben.

Roh oder zu weich

➤ Entweder das Gemüse mit der längsten Garzeit zuerst in das heiße Öl geben und braten, bis es fast gar ist, dann die zarteren Sorten zugeben. Oder die festeren Gemüsesorten, wie Brokkoli, Zuckerschoten oder Erbsen, vor dem Braten in kochendem Salzwasser kurz blanchieren (das erhält auch die grüne Farbe), dann gut abtropfen lassen.

Das Gemüse ist gar

➤ Am einfachsten ein Stück probieren (Vorsicht, sehr heiß!) oder mit einer Messerspitze einstechen. Wenn das Gemüse dabei noch etwas Widerstand bietet, ist es richtig.

Ihr Eisenwok rostet

➤ Den Wok nur mit heißem Wasser und einer Bürste säubern, wie man es auch in Asien macht. Gut abtrocknen und zum Schluss innen und außen hauchdünn mit Öl (nicht kaltgepresstem!) einreiben. Den Wok trocken und luftig aufbewahren.

Asiatisches Gemüse

Chilis: Die scharfen Schoten werden in Asien reichlich verwendet. Bei uns findet man vor allem große, etwa fingerlange in Grün, Rot und Gelb (mäßig scharf), aber auch die winzigen roten oder grünen Thai-Chilis (extrem scharf), die Currygerichte und Saucen würzen. **Ersatz:** getrocknete Chilis, Chiliflocken oder Cayennepfeffer.

Frühlingszwiebeln: Zwiebelsorte, die keine Knollen ausbildet. Der lange helle Schaft wird in Asien sehr häufig als Gemüse und zum Würzen verwendet, in Stücke geschnitten oder fein gehackt wie bei uns die Zwiebel. Das Grün in feine Ringe schneiden und über das fertige Gericht streuen. **Ersatz:** zarte dünne Lauchstangen.

Rettich: In Asien wird vorwiegend der weiße Daikon-Rettich verwendet, der lang gestreckte Wurzeln bildet und milder schmeckt als die kugeligen Sorten. Inzwischen wird dieser Rettich auch bei uns überwiegend angebaut. **Ersatz:** roter Frühjahrsrettich, schwarzer Winterrettich.

Chinakohl: Große, längliche Köpfe mit dicken Blattrippen, die bei uns das ganze Jahr über erhältlich sind. Chinakohl ist mild mit leicht pikantem Geschmack und erinnert nur dezent an Kohl. In Streifen schneiden und nur kurz garen, damit er knackig bleibt. **Ersatz:** Weißkohl.

Paksol: Erinnert an Mangold und Chinakohl und schmeckt auch ähnlich. Ist fast das ganze Jahr bei uns erhältlich, schmeckt roh und kurz gegart. Gibt wenig Abfall, Sie müssen nur den Wurzelansatz abschneiden. Verwendet werden Stiele und Blätter. **Ersatz:** Mangold oder Chinakohl.

Zuckerschoten: Sind nicht etwa die Hülsen unreifer Erbsen, sondern eine eigene Züchtung ohne harte Fasern. Sind praktisch rund ums Jahr über abgepackt erhältlich, schmecken leicht süßlich. **Ersatz:** breite Bohnen (schräg in Stücke schneiden, diese blanchieren) oder tiefgekühlte nehmen.

Vorbereitung

Die Basics

Weil das Garen im Wok so schnell geht, müssen alle Zutaten fertig vorbereitet, die Saucen angerührt und Brühen oder Wein abgemessen sein, ehe der Wok erhitzt wird. Wegen der kurzen Garzeit müssen Sie Fleisch und Gemüse erst einmal klein schneiden. Dafür brauchen Sie ein wirklich scharfes Messer mit einer dünnen Klinge, die Fleisch und zartes Gemüse glatt durchteilt und nicht den Saft ausquetscht. Sehr praktisch ist eine breite Klinge, mit der sich die zerkleinerten Zutaten in eine Schüssel oder gleich in den Wok befördern lassen. Ideal sind die chinesischen Schneidebeile, doch der Umgang damit erfordert etwas Übung. Mit den Messern aus Japan kommen Sie vielleicht etwas eher zurecht, die sind allerdings nicht billig.

Marinieren

Fleisch und Fisch werden mariniert, um sie würziger und zarter zu machen. Bei dunklem Fleisch genügt es, etwas Speisestärke fest einzukneten. Helles Fleisch und Fisch werden am besten mit Eiweiß und Speisestärke vermischt.

Gemüse in Streifen

Möhren, Staudensellerie, Lauch und Chinakohl werden meist in Streifen geschnitten, etwa so lang und so dick wie Streichhölzer. Die Sorten mit der längsten Garzeit sollten in feinere, die mit der kürzesten in etwas dickere Streifen zerteilt werden.

Würfel und Dreiecke

Wird das Fleisch in Würfel geschnitten, wird auch das Gemüse gewürfelt. Möhren und Selleriestangen lassen sich in Dreiecke schneiden. Möhrensterne erhalten Sie, wenn Sie die Möhren längs einkerben, dann in Scheiben schneiden.

Pilze einweichen

Trockenpilze geben Aroma und die Einweichbrühe eignet sich zum Aufgießen. Pilze abspülen, in heißem Wasser 30 Min. quellen lassen. Fest ausdrücken und die harten Stiele entfernen. Die Brühe ohne den Bodensatz durch eine Filtertüte abgießen.

Grundrezept

Reis als Beilage soll die Sauce gut aufnehmen, schneeweiß, locker und ein bisschen klebrig sein. Die beliebtesten Sorten Asiens sind Langkorn-Reis wie Patna-Reis oder der »duftende« Basmati- und Jasmin-Reis und die Mittel- oder Rundkorn-Reissorten (Ketan- oder Klebreis), die nach dem Garen zusammenkleben und gut mit Stäbchen zu essen sind.

Chinesischer Reis

FÜR 2 PERSONEN

➤ **140 g weißer Langkorn-Reis (Patna-Reis) – kein Parboiled Reis und auch kein Basmati-Reis**

Salz

TIPP

Warm halten oder abkühlen

Den Reis bis zum Servieren eventuell in einer Schüssel zugedeckt im Ofen bei 75° warm halten oder für gebratenen Reis in der offenen Schüssel völlig auskühlen lassen, am besten über Nacht.

1 Reis in einem Sieb mit Wasser abbrausen, bis das Wasser klar abläuft. Abtropfen lassen. Mit 265 ml Salzwasser aufkochen lassen.

2 Dann 2–3 Min. kochen lassen, bis sich kraterförmige Löcher auf der Oberfläche bilden. Den Reis zugedeckt bei schwacher Hitze 20 Min. garen, nicht umrühren.

3 Den Topf vom Herd nehmen, zugedeckt 10 Min. ruhen lassen. Dann erst den Deckel abnehmen. Den Reis mit Ess-Stäbchen oder einer Gabel auflockern.

Tofu, Pasten, Saucen

Gewürzter Tofu: 400 g neutralen Tofu längs in gleichmäßig dicke Scheiben schneiden und auf einem Tuch ausbreiten. Mit einem zweiten Tuch abdecken und ein Brett darauf legen. Mit einem mit Wasser gefüllten Topf beschweren und über Nacht pressen. Jeweils 50 ml helle chinesische Sojasauce und Shaoxing-Reiswein mit 150 ml Wasser und 3 TL Zucker aufkochen, dann abkühlen lassen. Die gepressten Tofuscheiben in den Sud legen, abdecken und im Kühlschrank bis zur Verwendung aufheben.

Currypaste: Für rote Paste etwa 4 große rote getrocknete Chilis in Stücke brechen, Samen entfernen und die Schoten in etwas warmem Wasser einweichen. Für grüne Currypaste 3 frische grüne Chilis entkernen und fein hacken. Dazu je 2 Schalotten, 2 Knoblauchzehen und etwa 1 walnussgroßes Stück frischen Ingwer schälen, alles in Stücke schneiden. Ein etwa 3 cm langes Stück frisches Zitronengras fein hacken. Alles mit je 1 TL Pfeffer-, Korianderkörnern und Kreuzkümmel im Mörser oder mit dem Blitzhacker zu einer glatten Paste pürieren. Mit 1/2 TL Garnelenpaste und Salz würzig abschmecken und in ein Glas füllen. Hält sich im Kühlschrank etwa 1 Woche.

Süßsaure Chilisauce: 3 große frische rote Chilis entkernen und in feine Streifen schneiden. 2 Knoblauchzehen und 1 walnussgroßes Stück frischen Ingwer schälen, beides fein hacken. 60 g Zucker in einem Topf mit ein paar Tropfen Wasser anfeuchten und bei mittlerer Hitze schmelzen lassen. Chilis, Knoblauch und Ingwer unterrühren. Wenn der Zucker honiggelb ist, mit 100 ml Wasser und 3 EL hellem Essig ablöschen. Etwa 10 Min. kräftig kochen lassen, mit Salz, gemahlenem Piment und Koriander abschmecken, dann abkühlen lassen. Als Dip servieren.

Chinesische Pflaumensauce: 200 g Pflaumen und 75 g Aprikosen waschen, entsteinen und in sehr kleine Stücke schneiden. Dann 1 Zwiebel, 2 Knoblauchzehen und 1 walnussgroßes Stück frischen Ingwer schälen, alles sehr klein würfeln. In einen Topf geben, mit 30 g Zucker, 75 ml hellem Essig, 1/4 TL gemahlenem Koriander und Chilipulver würzen. 1/8 l Wasser zugießen und unter Rühren erst aufkochen, dann bei schwacher Hitze offen 45 Min. köcheln lassen. Mit Salz abschmecken, nach Belieben durch ein Sieb streichen und abkühlen lassen. Zum Nachwürzen oder als Dip verwenden.

Saucen und Gewürze

Sojasauce: Die chinesische ist hell, mittel oder dunkel, schmeckt salzig und ist zum Kochen und Marinieren. Japanische ist mild-salzig, eher zum Nachwürzen geeignet. Indonesische heißt Ketjap – herb-süß schmeckt Ketjap Asin, mild-süß Ketjap Manis.

Ponzu-Sauce: Würzsauce aus Sojasauce, Reisessig und Reiswein mit dem Saft herber Früchte. Ersetzt die oft gebrauchte Würzmischung. Gibt es in Asien- oder Bioläden. **Ersatz:** selbst mischen aus 2 Teilen Sojasauce, 2 Teilen Reiswein und 1 Teil Reisessig.

Reiswein: Meist wird Shaoxing-Reiswein aus China verwendet. **Ersatz:** Sherry Medium Dry. Sake aus Japan ist trocken und wird warm oder kalt zum Essen getrunken. Mirin ist süßer japanischer Reiswein. **Ersatz:** milder Weißwein mit einer Prise Zucker.

Reisessig: Milder Essig aus Japan, China oder Thailand, schmeckt zartwürzig bis aromatisch-säuerlich und ist von wasserhell bis braun. **Ersatz:** Essigessenz stärker verdünnen als angegeben, Apfelessig oder Weißweinessig.

Currypasten: Feurig scharfe Pasten aus roten oder grünen Chilis zubereitet. In Asienläden gibt es fertige Pasten in Rot, Grün und Gelb und in diversen Geschmacksrichtungen. Beliebt sind Panang- und Massaman-Currypaste.

Hoisin-Sauce: Eine dickere, rötlich braune Würzsauce aus Südchina. Sie ist süßlich, würzig und pikant. Gehört in Fleisch-, Fisch- und Gemüsegerichte. Hält sich geöffnet mehrere Monate im Kühlschrank. Es gibt keinen Ersatz.

Sesam-Würzöl: Im Gegensatz zum Sesamöl, das zum Braten verwendet wird, dient das Würzöl aus gerösteten Sesamsamen in kleinen Mengen zum Abschmecken. Dieses gibt es in kleinen Flaschen im Asienregal oder im Asienladen.

Ingwer: Würzig-scharfe Wurzel – gibt es frisch in Gemüseabteilungen, getrocknet als Pulver und süßsauer eingelegt als »Ingwer-Pickle« im Asienladen; außerdem süß als kandierten Ingwer.

Garam Masala: Eine mild-aromatische nordindische Mischung aus vielen Gewürzen, die für Schmorgerichte oder zum Abschmecken verwendet wird. In Asienläden, Reformhäusern und Bioläden zu finden.

Koriandergrün: Blätter der Korianderpflanze, auch »Cilantro« genannt, sind nur frisch zu verwenden. Hat ein strenges Aroma. Lässt sich aus Korianderkörnern selbst ziehen – im Blumentopf mit Erde bedecken und feucht halten.

Zitronengras: Gibt es frisch in Asienläden, getrocknet als »Sereh-Pulver« im Asienregal. Passt zu hellem Fleisch, Fisch und Meeresfrüchten. Nur die unteren 5 cm verwenden und fein schneiden. Ersatz: Zitronenmelisse.

Kaffirlimettenblätter: Blätter eines besonderen Limettenbaumes. Frische würzen intensiv zitronig mit blumigem Aroma. Gibt es in Asienläden, getrocknete sind fade. Ersatz: Zitronengras, Limettenschale.

Viel Gemüse – rasch gerührt

In Asien wird zum Reis auch immer eine Portion Gemüse gegessen, meist aber nicht streng vegetarisch zubereitet. In China würzt eine kräftige Hühnerbrühe, in Thailand ist die Fischsauce allgegenwärtig und in Japan schätzt man die Kombination von Hackfleisch und Fischbrühe, um das Gemüse gehaltvoller zu machen. In Indien sorgt eine Sauce mit kräftigen Gewürzen und Joghurt dafür, dass aus einfachen Zutaten ein raffiniertes Gericht entsteht.

Blitzrezepte

Frittierter Tofu mit Rettich

FÜR 2 PERSONEN

➤ 250 g fester Tofu │ 100 g weißer Rettich (Daikon) │ Pflanzenöl zum Frittieren 3 EL Speisestärke │ 2 EL eingelegter Ingwer │ japanische Sojasauce

1 │ Den Tofu in etwa 2 cm dicke Stücke schneiden und trockentupfen. Den Rettich waschen, schälen und fein raspeln.

2 │ Das Öl im Wok, etwa 3 cm hoch, erhitzen. Tofu in Stärke wenden und im Öl etwa 1 Min. pro Seite frittieren. Herausheben, abtropfen lassen und anrichten. Rettichraspel und Ingwer daneben anrichten. Mit Sojasauce servieren.

Paprikaschoten mit Sesamöl

FÜR 2 PERSONEN

➤ 500 g grüne Paprikaschoten │ 2 Knoblauchzehen │ 2 EL Pflanzenöl zum Braten │ 35 g Cashewkerne │ 1 Prise Zucker │ 150 ml kräftige Hühnerbrühe 4 EL helle Sojasauce │ 1 EL Sesam-Würzöl

1 │ Paprikaschoten waschen, halbieren, putzen und in Streifen schneiden. Knoblauch schälen und in Scheiben schneiden. Erst den Wok, dann das Öl stark erhitzen. Paprika, Knoblauch und Cashewkerne unter Rühren 2–3 Min. darin braten, die Paprikastreifen müssen knackig bleiben. Mit Zucker bestreuen, Brühe, Sojasauce und Sesam-Würzöl darüber träufeln. Durchmischen und heiß servieren.

Schnell | Würzig
Gemüse mit Shiitake-Pilzen

FÜR 2 PERSONEN

➤ 1 rote Zwiebel
2 Knoblauchzehen
1 große Möhre
1 Stange Staudensellerie
1 kleine Fenchelknolle
100 g frische Shiitake-Pilze
1 Stück frischer Ingwer
(etwa walnussgroß)
2 kleine rote Chilischoten
1 TL Speisestärke
2 EL Pflanzenöl zum Braten
1 EL schwarze Bohnenpaste
75 ml Hühnerbrühe
1 1/2 EL helle Sojasauce
Salz | Pfeffer

🕐 Zubereitung: 30 Min.
➤ Pro Portion etwa: 530 kcal

1 | Zwiebel und Knoblauch schälen. Die Zwiebel in Streifen schneiden, den Knoblauch hacken. Die Möhre waschen, schälen, längs halbieren und schräg in Scheiben schneiden. Sellerie waschen, entfädeln, quer in Stücke schneiden. Die Fenchelknolle waschen, vierteln und ohne den mittleren Strunk in Streifen schneiden.

2 | Die Shiitake-Pilze mit einem Pinsel säubern, Stiele entfernen und die Hüte in Streifen schneiden. Den Ingwer schälen und hacken. Die Chilis waschen und in feine Scheiben schneiden. Stärke mit kaltem Wasser anrühren.

3 | Erst den Wok, dann das Öl darin stark erhitzen. Die Zwiebel 1 Min. anbraten. Knoblauch, Ingwer, Chilis und das Gemüse 2–3 Min. anbraten. Bohnenpaste, Hühnerbrühe, Sojasauce und angerührte Stärke unterrühren, 2–3 Min. kochen lassen. Mit Salz und Pfeffer würzen.

Gelingt leicht
Shiitake-Pilze mit Ingwer

FÜR 2 PERSONEN

➤ 200 g frische Shiitake-Pilze
1 Stück frischer Ingwer
(etwa walnussgroß)
2 Knoblauchzehen
4 Stängel chinesischer Schnittlauch (ersatzweise Frühlingszwiebelgrün und Knoblauch)
1/2 TL Sichuan-Pfeffer
2 EL Pflanzenöl zum Braten
75 ml Gemüsebrühe | Salz

🕐 Zubereitung: 20 Min.
➤ Pro Portion etwa: 490 kcal

1 | Die Pilze mit einem Pinsel säubern, die harten Stiele entfernen, die Hüte beiseite legen. Ingwer und Knoblauch schälen, beides fein hacken. Schnittlauch waschen, trockenschütteln und in Röllchen schneiden.

2 | Erst den Wok erhitzen und den Sichuan-Pfeffer darin 1–2 Min. anrösten. Das Öl zugießen und erhitzen. Knoblauch und Ingwer zugeben und bei starker Hitze etwa 1 Min. anbraten. Die Pilze zugeben und 4–5 Min. unter Rühren braten. Die Brühe zugießen, aufkochen lassen und Schnittlauch unterrühren. Mit Salz abschmecken.

➤ Getränk: mittelkräftiger, runder, nicht zu trockener Weißwein.

Macht was her | Scharf

Bananen-Mango-Curry

FÜR 2 PERSONEN

- 1 kleine Mango (ca. 250 g)
  1 Kochbanane (ca. 500 g)
  1 kleine Zwiebel
  1 frische rote Chilischote
  1 Stück frischer Ingwer
  (etwa walnussgroß)
  2 EL Butterschmalz
  1 TL scharfes Currypulver
  165 ml Kokosmilch
  50 ml Gemüsebrühe
  Salz | schwarzer Pfeffer
  1/4 TL getrocknete
  Bockshornkleeblätter

- Zubereitung: 35 Min.
- Pro Portion etwa: 320 kcal

1 | Die Mango schälen, das Fruchtfleisch in Scheiben vom Stein schneiden und würfeln. Die Kochbanane in Stücke schneiden und schälen. Das Fruchtfleisch in Scheiben schneiden.

2 | Zwiebel schälen und würfeln. Chilischote längs aufschlitzen, entkernen, waschen und hacken. Ingwer schälen und fein würfeln.

3 | Erst den Wok erhitzen, dann Butterschmalz darin zerlassen. Zwiebel, Chili und Ingwer darin hellgelb braten.

4 | Die Kochbanane zugeben und 5–7 Min. unter Wenden braten. Mit Currypulver bestreuen. Kokosmilch und Brühe aufgießen, alles salzen und pfeffern. Zugedeckt bei schwacher Hitze 10 Min. garen. Mangowürfel zugeben und 5 Min. mitgaren. Mit zerbröselten Bockshornklee-blättern bestreuen.

Spezialität aus Thailand

Gemüse in roter Currysauce

FÜR 2 PERSONEN

- 1 dünne Lauchstange
  2 Stangen Staudensellerie
  2 Möhren
  1 rote Paprikaschote
  100 g grüne Bohnen
  6 zarte Mini-Maiskölbchen
  (frisch oder aus dem Glas)
  2 kleine Zwiebeln
  2 EL Pflanzenöl zum Braten
  1 EL rote Thai-Currypaste
  100 ml Kokosmilch
  Salz
  schwarzer Pfeffer

- Zubereitung: 45 Min.
- Pro Portion etwa: 230 kcal

1 | Den Lauch putzen, längs aufschneiden, gründlich waschen, abtropfen lassen und schräg in etwa 2 cm lange Stücke schneiden. Sellerie putzen und klein schneiden. Die Möhren waschen, schälen, längs halbieren und sehr schräg in etwa 1/2 cm dicke Scheiben schneiden. Die Paprikaschote waschen, halbieren, putzen und in Streifen schneiden. Die Bohnen waschen, putzen und quer halbieren. Die Maiskölbchen waschen und abtropfen lassen. Die Zwiebeln schälen, längs halbieren und in Spalten schneiden.

2 | Erst den Wok, dann das Öl darin erhitzen. Die Zwiebeln bei starker Hitze in 2 Min. hellbraun anbraten. Das Gemüse zugeben und unter Rühren 7–8 Min. braten. Die Currypaste unter-rühren. Mit Kokosmilch und 200 ml Wasser offen 5 Min. kochen lassen; salzen und pfeffern.

- Getränke: Milder Weißwein oder ein kühles herbes Pils.

im Bild oben: **Gemüse in roter Currysauce**   *im Bild unten:* **Bananen-Mango-Curry** ➤

Spezialität aus Indien

Gemüsecurry mit Joghurt

FÜR 2 PERSONEN

➤ 150 g fest kochende Kartoffeln | 2 Möhren
175 g feste kleine Zucchini
100 g grüne Bohnen
1 EL Butterschmalz | Salz
125 g Sahne-Joghurt
1 leicht gehäufter TL Mehl
1 TL Garam Masala
1 frische grüne Chilischote
1 TL Ajowansamen (Asienladen; ersatzweise Thymian)
1/2 TL braune Senfkörner (Asienladen)

🕐 Zubereitung: 45 Min.
➤ Pro Portion etwa: 215 kcal

1 | Gemüse waschen und putzen. Kartoffeln und Möhren schälen. Mit Zucchini in Stifte schneiden. Die Bohnen in Stücke schneiden. Erst den Wok, dann 1/2 EL Butterschmalz darin erhitzen. Das Gemüse unter Rühren in etwa 2–3 Min. leicht anbraten, 350 ml Wasser aufgießen, salzen und aufkochen lassen. Bei mittlerer Hitze offen etwa 15 Min. köcheln lassen.

2 | Joghurt mit Mehl und Garam Masala glatt verrühren. Unter das Gemüse rühren und alles bei schwacher Hitze 5 Min. garen.

3 | Die Chilischote längs aufschlitzen, entkernen, waschen und klein schneiden. Unter das Gemüse rühren und 5 Min. ziehen lassen.

4 | In einem Pfännchen restliches Butterschmalz erhitzen. Ajowansamen und Senfkörner erhitzen. Beides über das Gemüse geben.

Vegetarisch | Würzig

Auberginen-Ragout

FÜR 2 PERSONEN

➤ je 1 TL Kreuzkümmel und Fenchelsamen
1/4 TL Bockshornkleesamen
1 getrocknete Chilischote
1 Aubergine (ca. 350 g)
1 kleine Zwiebel
1 Knoblauchzehe
2 EL Butterschmalz
Salz | schwarzer Pfeffer
1 EL Zitronensaft
250 g Joghurt

🕐 Zubereitung: 35 Min.
➤ Pro Portion etwa: 225 kcal

1 | Gewürze und Chilischote im Mörser grob zerstoßen. Die Aubergine waschen, putzen und in etwa 1 cm große Würfel schneiden. Zwiebel und Knoblauch schälen, beides fein hacken.

2 | Erst den Wok, dann das Butterschmalz darin erhitzen. Die zerstoßenen Gewürze zugeben und kurz anbraten. Zwiebel und Knoblauch zugeben und bei mittlerer Hitze unter Rühren in 2 Min. goldgelb braten.

3 | Die Auberginenwürfel zugeben und unter Rühren in etwa 15 Min. braun braten. Mit Salz, Pfeffer und Zitronensaft würzen, den Wok vom Herd nehmen. Den Joghurt mit 1 Prise Salz verrühren und über das Ragout gießen.

Spezialität aus Indien
Spinat mit Kichererbsen

FÜR 2 PERSONEN

- 2 Tomaten

  1 Zwiebel

  1 Stück frischer Ingwer (etwa walnussgroß)

  2 Knoblauchzehen

  je 1/2 TL getrocknete rote Chilischoten, Kreuzkümmel und Korianderkörner

  1/2 Dose Kichererbsen (120 g Abtropfgewicht)

  2 EL Butterschmalz

  300 g TK-Blattspinat

  Salz

  75 g Sahne-Joghurt

- Zubereitung: 30 Min.
- Pro Portion etwa: 340 kcal

1 | Stielansätze der Tomaten entfernen. Tomaten kurz überbrühen, häuten, vierteln und entkernen. Die Zwiebel schälen und in dünne Scheiben schneiden. Den Ingwer schälen und raspeln. Den Knoblauch schälen und zerdrücken. Chilis, Kreuzkümmel und Koriander im Mörser nicht zu fein zerstoßen. Die Kichererbsen abtropfen lassen.

2 | Erst den Wok, dann das Butterschmalz darin erhitzen. Zwiebel und die Hälfte vom Ingwer, Knoblauch bei mittlerer Hitze unter Rühren in 3–4 Min. braun anbraten.

3 | Die Gewürze zugeben und 1 Min. mitbraten. Spinat, Kichererbsen, Tomaten und Salz zugeben und zugedeckt 15 Min. garen. Joghurt unterrühren, die restlichen Ingwerstreifen darüber streuen.

Schnell | Gelingt leicht
Gewürzter Tofu mit Gemüse

FÜR 2 PERSONEN

- 200 g gewürzter Tofu (Rezept Seite 9)

  2 Möhren (ca. 150 g)

  150 g grüne Bohnen

  150 g Zuckerschoten

  1 Stück frischer Ingwer (etwa walnussgroß)

  1 Knoblauchzehe

  2 kleine, frische rote Chilischoten

  2 EL Pflanzenöl zum Braten

  200 ml Kokosmilch

  2 TL Fischsauce

  Salz | Pfeffer

  4 Zweige Thai-Basilikum

  2 Zweige Minze

- Zubereitung: 30 Min.
- Pro Portion etwa: 295 kcal

1 | Den Tofu abtropfen lassen, trockentupfen, in etwa 1 cm breite Streifen schneiden. Das Gemüse putzen und waschen. Die Möhren in Stifte schneiden, die Bohnen halbieren und die Zuckerschoten eventuell entfädeln.

2 | Ingwer und Knoblauch schälen, beides fein hacken. Die Chilischoten waschen, putzen und in feine Ringe schneiden.

3 | Erst den Wok, dann das Öl darin erhitzen. Den Tofu kurz anbraten, dann aus dem Öl heben. Ingwer, Chilis und Knoblauch im verbliebenen Öl kurz anbraten. Das Gemüse zugeben und unter Rühren und Wenden 3 Min. anbraten. Die Kokosmilch angießen, Tofu wieder zugeben und alles einmal aufkochen lassen. Mit Fischsauce, Salz und Pfeffer abschmecken, kurz ziehen lassen. Die Kräuter waschen, Blätter und Zweigspitzen abzupfen und unter die Sauce mischen.

Spezialität aus China
Brokkoli mit Bambus

FÜR 2 PERSONEN

➤ 4 getrocknete Shiitake-Pilze

250 g Brokkoli

50 g Bambussprossen (aus der Dose)

2 TL Speisestärke

100 ml Hühnerbrühe

1 EL Shaoxing-Reiswein

1 EL helle Sojasauce | Salz

2 EL Pflanzenöl zum Braten

1 TL Sesam-Würzöl

🕐 Zubereitung: 40 Min.

➤ Pro Portion etwa: 250 kcal

1 | Shiitake-Pilze mit 75 ml warmem Wasser übergießen und 20 Min. einweichen. Den Brokkoli waschen, putzen, die Röschen ablösen, die Stiele schälen und in Stifte schneiden. Die Bambussprossen abtropfen lassen und vierteln. Stärke mit Brühe, Reiswein und Sojasauce anrühren.

2 | Reichlich Salzwasser aufkochen lassen und den Brokkoli 2 Min. blanchieren. Abgießen, eiskalt abschrecken und abtropfen lassen.

3 | Die Pilze fest ausdrücken, dabei die Flüssigkeit auffangen und zum Einweichwasser geben. Die Stiele entfernen und die Hüte in Streifen schneiden. Erst den Wok, dann das Öl darin erhitzen. Die Pilze bei mittlerer Hitze 2–3 Min. anbraten. Brokkoli und Bambussprossen zugeben, unter Rühren kurz erhitzen. Angerührte Stärke und Einweichflüssigkeit zugießen, aufkochen und 1 Min. ziehen lassen. Mit Salz und Sesam-Würzöl abschmecken.

Spezialität aus Japan
Süßkartoffeln mit Hackfleisch

FÜR 2 PERSONEN

➤ 400 g Süßkartoffeln (rote Bataten)

1 Stück frischer Ingwer (etwa walnussgroß)

1 EL Pflanzenöl zum Braten

125 g mageres Hackfleisch (vom Rind, Lamm oder Hähnchen)

100 ml Fischfond (aus dem Glas)

2 EL Reiswein

1 TL brauner Zucker

1 EL japanische Sojasauce

1 EL Kresseblättchen oder Petersilie zum Bestreuen

🕐 Zubereitung: 25 Min.

➤ Pro Portion etwa: 535 kcal

1 | Die Süßkartoffeln waschen, schälen, halbieren und in Schnitze schneiden. Den Ingwer schälen und in feine Streifen schneiden.

2 | Erst den Wok, dann das Öl darin erhitzen. Das Hackfleisch bei starker Hitze etwa 2 Min. unter Rühren anbraten. Süßkartoffeln und Ingwer zugeben und rasch umwenden. Fischfond und Reiswein angießen. Die Kartoffeln zugedeckt bei mittlerer Hitze 15 Min. garen. Zucker und Sojasauce zugeben, zugedeckt 5–10 Min. garen. Mit Kresse oder Petersilie bestreuen.

TIPP Statt Süßkartoffeln können Sie fest kochende Kartoffeln nehmen. Stilecht wäre anstelle von Fischfond Dashibrühe aus getrocknetem Bonito.

Mit Reis und Nudeln

Klar, Reis oder auch Nudeln gehören in Asien bei jedem Essen auf den Tisch. Sie sind als sättigende Beilage so wichtig, dass stets mehr gekocht als gegessen wird. Aus den Resten werden dann die köstlichen »gebratenen« Gerichte gezaubert, die dem »Reis von gestern« einen völlig neuen Auftritt garantieren. Für die spontane Wokküche sind diese Rezepte geradezu ideal.

Blitzrezepte

Reis mit Erbsen

FÜR 2 PERSONEN

➤ 100 g zarte Erbsen (tiefgekühlt)
2 Frühlingszwiebeln | 50 g geräucherter Schinkenspeck | 3 EL Pflanzenöl zum Braten | 400 g gekochter Langkorn-Reis (vom Vortag) | Salz schwarzer Pfeffer

1 | Die Erbsen in einem Sieb heiß überbrausen und abtropfen lassen. Frühlingszwiebeln waschen, putzen und klein hacken. Speck in Streifen schneiden.

2 | Erst den Wok, dann das Öl darin erhitzen. Frühlingszwiebeln, Erbsen und Speck bei mittlerer Hitze unter Rühren etwa 1/2 Min. braten. Den Reis zugeben, mit Salz und Pfeffer würzen und unter Rühren 2–3 Min. braten.

Gebratene Nudeln

FÜR 2 PERSONEN

➤ Salz | 150 g Reisnudeln | 1 TL Sesam-Würzöl | 1 Möhre | 2 Frühlingszwiebeln | 2 EL Pflanzenöl zum Braten 2 EL Hoisin-Sauce (aus dem Glas)

1 | Salzwasser zum Kochen bringen. Nudeln nach Packungsanweisung in 8 Min. bissfest garen. Abgießen, kalt überbrausen, abtropfen lassen und mit Würzöl mischen.

2 | Möhre waschen, schälen und in feine Streifen schneiden. Frühlingszwiebeln waschen, putzen und den hellen Teil in Streifen, das Grün in Ringe schneiden. Erst den Wok, dann Öl erhitzen. Möhre und Frühlingszwiebeln 2 Min. braten. Nudeln zugeben und 2–3 Min. unter Rühren mitbraten. Hoisin-Sauce untermischen und salzen. Mit Zwiebelgrün bestreuen.

Spezialität aus Indien

Safran-Reis mit Garnelen

FÜR 2 PERSONEN

➤ 175 g Riesengarnelen (King Prawns)
1 unbehandelte Limette
140 g Basmati-Reis
1 Zwiebel
1 Knoblauchzehe
2 EL Butterschmalz
35 g Kokosraspel
1 TL Garam Masala
1/2 Döschen Safranfäden
375 ml Gemüsebrühe
1 kleiner Zucchino
Salz | Pfeffer
1 EL grob gehacktes Koriandergrün

⏱ Zubereitung: 45 Min.
➤ Pro Portion etwa: 600 kcal

1 | Die Garnelen trockentupfen. Die Limette heiß waschen, abtrocknen, 1 TL Schale abreiben, halbieren und 1 EL Saft auspressen. Beides mit den Garnelen vermischen.

2 | Den Reis überbrausen und abtropfen lassen. Zwiebel und Knoblauch schälen. Die Zwiebel in Streifen schneiden, den Knoblauch fein hacken.

3 | Erst den Wok, dann Butterschmalz erhitzen. Zwiebel in 3–4 Min. braun braten. Knoblauch und Kokosraspel zugeben, 1 Min. mitbraten. Reis zugeben, unter Rühren glasig werden lassen. Garam Masala und Safran zugeben. Brühe angießen. Zugedeckt 10 Min. quellen lassen.

4 | Zucchino waschen, putzen und würfeln. Unter den Reis mischen und salzen. Garnelen mit Marinade auf dem Reis verteilen, salzen, pfeffern, zugedeckt 10 Min. ziehen lassen. Mit Koriandergrün bestreuen.

Spezialität aus China

Gebratener Smaragd-Reis

FÜR 2 PERSONEN

➤ 140 g Langkorn-Reis | Salz
1 Staude Paksoi (ersatzweise Mangold)
2 Frühlingszwiebeln
50 g Lachsschinken in Scheiben | 1 Ei
4 TL Pflanzenöl zum Braten
1 EL helle Sojasauce

⏱ Zubereitung: 50 Min.
➤ Pro Portion etwa: 455 kcal

1 | Reis nach dem Rezept auf Seite 8 zubereiten, ausdampfen und abkühlen lassen.

2 | Paksoi putzen, waschen und in Streifen schneiden. Mit Salz 10 Min. ziehen lassen. Die Frühlingszwiebeln waschen und putzen. Die hellen Teile hacken, das Grün in Ringe schneiden. Lachsschinken in Streifen schneiden.

3 | Das Ei mit Frühlingszwiebelgrün und Salz verquirlen. 1 TL Öl in einer kleinen Pfanne erhitzen und aus dem Ei ein Omelett braten. Herausnehmen und abkühlen lassen.

4 | Paksoi fest ausdrücken und noch kleiner schneiden. Erst den Wok, dann 2 TL Öl stark erhitzen. Paksoi unter Rühren 1 Min. anbraten, dann in eine Schüssel füllen. Das restliche Öl erhitzen und die gehackten Frühlingszwiebeln unter Rühren 1 Min. braten. Den Reis zugeben, bei mittlerer Hitze 2–3 Min. mitbraten. Paksoi und Schinken untermischen. Mit Sojasauce und Salz abschmecken, kurz erhitzen. Das Omelett in Streifen schneiden und den Reis damit garnieren.

im Bild oben: **Gebratener Smaragd-Reis**   *im Bild unten:* **Safran-Reis mit Garnelen** ➤

Spezialität aus Japan
Ketan-Reis mit Hähnchen

FÜR 2 PERSONEN

➤ 3 getrocknete Shiitake-Pilze

   125 g Ketan-Reis (Klebreis)

   125 g Hähnchenbrustfilet

   je 2 EL japanische Soja-sauce und Mirin

   1 Möhre

   2 EL Pflanzenöl zum Braten

   100 g frittierter Tofu (Rezept Seite 13)

   1 EL Schnittlauchröllchen

🕐 Zubereitung: 45 Min.

➤ Pro Portion etwa: 310 kcal

1 | Pilze in 75 ml warmem Wasser einweichen. Reis abbrausen und abtropfen lassen. Fleisch trockentupfen, würfeln und mit je 1 TL Sojasauce und Mirin vermischen.

2 | Möhre waschen, schälen und in dünne Streifen schneiden. Pilze ausdrücken, die Flüssigkeit auffangen und zum Einweichwasser geben. Stiele entfernen und Hüte in Streifen schneiden. Einweichwasser ohne Bodensatz mit Wasser auf 200 ml auffüllen.

3 | Erst den Wok, dann das Öl erhitzen. Reis, Möhre und Pilze zugeben und bei mittlerer Hitze 1 Min. braten. Einweichwasser zugießen. Mit übriger Sojasauce und Mirin würzen. Alles aufkochen lassen, umrühren und offen 2 Min. kochen lassen. Den Reis zugedeckt bei schwacher Hitze 10 Min. garen. Das Fleisch samt Marinade untermischen, noch 5 Min. garen. Tofu in Streifen schneiden.

4 | Den Wok von der Herdplatte nehmen, die Reismischung lockern. Den Tofu darüber verteilen. Mit einem Tuch abdecken und 10 Min. ziehen lassen. Mit Schnittlauch bestreuen.

Gelingt leicht | Würzig
Reis mit Pute und Ananas

FÜR 2 PERSONEN

➤ 150 g Putenfleisch aus der Keule

   1 Zwiebel

   3 Knoblauchzehen

   2 Möhren

   1 kleine Lauchstange

   1 EL Pflanzenöl zum Braten

   125 g Langkorn-Reis

   3 EL ungeschälte Mandeln

   300 ml Hühnerbrühe

   1 TL Currypulver

   Salz

   Pfeffer

   1 Baby-Ananas

🕐 Zubereitung: 35 Min.

➤ Pro Portion etwa: 665 kcal

1 | Das Fleisch trockentupfen und in Streifen schneiden. Zwiebel und Knoblauch schälen. Die Zwiebel in Streifen schneiden, den Knoblauch hacken. Die Möhren waschen, schälen und in Streifen schneiden. Den Lauch putzen, längs aufschneiden, gründlich waschen, abtropfen lassen und in Stücke schneiden.

2 | Erst den Wok, dann das Öl darin erhitzen. Fleisch und Gemüse zugeben und bei mittlerer Hitze 4–5 Min. anbraten. Reis und Mandeln einrühren und kurz mitbraten. Brühe angießen, mit Currypulver, Salz und Pfeffer würzen. Zugedeckt 20 Min. köcheln lassen.

3 | Die Ananas schälen, in Stücke schneiden und zugeben; salzen und pfeffern.

Würzig | Für Gäste

Gebratener Reis mit Hähnchen

FÜR 2 PERSONEN

➤ 140 g Langkorn-Reis | Salz
150 g rote Paprikaschote
2 Frühlingszwiebeln
1 Knoblauchzehe
1 rote Thai-Chilischote
150 g Hähnchenbrustfilet
1 Ei
2 EL Pflanzenöl zum Braten
3 EL kräftige Hühnerbrühe
1 EL helle Sojasauce
1 EL Fischsauce
1 EL grob gehacktes Koriandergrün

🕐 Zubereitung: 20 Min.
➤ Pro Portion etwa: 455 kcal

1 | Reis nach dem Rezept auf Seite 8 zubereiten, ausdampfen und abkühlen lassen.

2 | Paprikaschote waschen, halbieren, putzen und in Streifen schneiden. Die Frühlingszwiebeln waschen, putzen und schräg in Stücke schneiden. Knoblauch schälen und hacken. Chili waschen und ohne Strunk in feine Ringe schneiden. Das Fleisch trockentupfen und in Streifen schneiden. Das Ei mit 1 Prise Salz verquirlen.

3 | Erst den Wok, dann das Öl darin stark erhitzen. Hähnchen und Knoblauch 2 Min. unter Rühren braten. Frühlingszwiebeln, Chili und Paprikastreifen 1 Min. mitbraten. Den Reis, dann das Ei untermischen. Wenn es zu stocken beginnt, den Wok vom Herd nehmen. Brühe, Soja- und Fischsauce untermischen, salzen. Nach Belieben mit Koriandergrün bestreuen.

Schnell | Würzig

Schweinefleisch in Ponzu-Sauce

FÜR 2 PERSONEN

➤ Salz | 100 g Zuckerschoten
175 g chinesische Eiernudeln
1 rote Thai-Chilischote
1 Knoblauchzehe
200 g Schweineschnitzel
2 EL Pflanzenöl zum Braten
4 EL Ponzu-Sauce
4 EL Hühnerbrühe
1 TL Sesam-Würzöl
2 EL grob gehacktes Koriandergrün

🕐 Zubereitung: 20 Min.
➤ Pro Portion etwa: 565 kcal

1 | Reichlich Salzwasser aufkochen lassen. Die Zuckerschoten waschen, eventuell entfädeln. Im kochenden Wasser 1 Min. blanchieren, herausnehmen und eiskalt abschrecken. Die Nudeln im kochenden Blanchierwasser nach Packungsangabe bissfest garen, abgießen, kalt abspülen und abtropfen lassen.

2 | Die Chilischote waschen, putzen und in feine Ringe schneiden. Den Knoblauch schälen und hacken. Das Schnitzel trockentupfen und in feine Streifen schneiden.

3 | Erst den Wok, dann das Öl darin erhitzen. Das Fleisch bei starker Hitze 2–3 Min. scharf anbraten. Ponzu-Sauce und Hühnerbrühe zugeben und einmal aufkochen lassen. Chili, Knoblauch und Sesam-Würzöl unterrühren. Nudeln und Zuckerschoten in den Wok geben und kurz erhitzen. Nach Belieben mit Koriandergrün bestreut servieren.

Spezialität aus China | Für Gäste

Löwenköpfe Jangtse-Art

FÜR 2 PERSONEN

➤ 300 g **Schweinehackfleisch**
30 g **Bambussprossen**
(aus der Dose)
1 kleine **Frühlingszwiebel**
1 Stück **frischer Ingwer**
(etwa walnussgroß)
3 TL **Speisestärke**
5 TL **mittelbraune**
chinesische Sojasauce
Salz
350 g **Wurzel-Spinat**
50 g **Glasnudeln**
150 ml **Hühnerbrühe**
1 EL **Shaoxing-Reiswein**
1 TL **Zucker**
4 EL **Pflanzenöl zum Braten**

🕐 Vorbereitung: 20 Min.
🕐 Zubereitung: 40 Min.
➤ Pro Portion etwa: 785 kcal

1 | Fleisch in eine Schüssel geben. Die Bambussprossen abtropfen lassen. Frühlingszwiebel waschen und putzen. Nur den weißen Teil und die Sprossen fein hacken. Beides zum Fleisch geben. Ingwer schälen und dazureiben. Mit 2 TL Stärke, 2 TL Sojasauce und Salz gut vermischen.

2 | Salzwasser aufkochen lassen. Spinat waschen, die Wurzeln abschneiden. Die ganzen Pflanzen im kochenden Wasser 10 Sek. blanchieren, herausnehmen, abschrecken und abtropfen lassen. Die Glasnudeln mit heißem Wasser überbrausen und abtropfen lassen, klein schneiden.

3 | Übrige Stärke mit 3 EL Brühe, der übrigen Sojasauce, Reiswein, Zucker verrühren.

4 | Aus der Masse vier Kugeln formen. Den Wok oder die Pfanne, dann Öl erhitzen. Die Kugeln in 10 Min. braun braten. Herausnehmen, das Öl bis auf einen Rest abgießen.

5 | Spinat und Nudeln in den Wok geben, die Kugeln darauf setzen, die restliche Brühe zugießen. Zugedeckt 20 Min. garen. Fleischkugeln anrichten. Mit Nudeln und Spinat halb bedecken. Brühe aufkochen lassen, Stärke zugeben und aufkochen lassen, salzen. Sauce über die Kugeln gießen.

1 ❯ **Ingwer reiben**
*Ingwer schälen,
auf der Reibe zum
Fleisch raspeln.*

2 ❯ **Spinat putzen**
*Mit dem Messer die
Wurzeln vom Spinat
knapp abschneiden.*

3 ❯ **Glasnudeln**
*Glasnudeln mit der
Schere in handbreite
Stücke schneiden.*

4 ❯ **Fleischkugeln**
*Kugeln auf Spinat und
Glasnudeln setzen.*

Preiswert
Bamigoreng

FÜR 2 PERSONEN

➤ Salz | 175 g Mie-Nudeln
1 Zwiebel
1 Knoblauchzehe
1 Stück frischer Ingwer
(etwa walnussgroß)
1 Möhre
150 g Zuckerschoten
175 g Hähnchenbrustfilet
2 EL Pflanzenöl zum Braten
1 TL Sambal Tjampoer
75 ml Hühnerbrühe
1 TL brauner Zucker
1 EL Ketjap Asin
1 EL gehackte Petersilie

🕐 Zubereitung: 45 Min.
➤ Pro Portion etwa: 640 kcal

1 | Salzwasser zum Kochen
bringen. Nudeln darin nach
Packungsangabe bissfest
garen; abgießen, kalt abbrausen und abtropfen lassen.

2 | Zwiebel, Knoblauch und
Ingwer schälen, alles in Streifen schneiden. Möhre wa-
schen, schälen und in feine
Streifen schneiden. Zuckerschoten waschen, in Stücke
schneiden. Fleisch abtupfen
und in Streifen schneiden.

3 | Erst den Wok, dann das
Öl darin erhitzen. Fleisch,
Zwiebel, Knoblauch, Ingwer
und Möhre unter Rühren
2–3 Min. anbraten.

4 | Zuckerschoten zugeben
und 1 Min. mitbraten. Die
Nudeln und Sambal Tjampo-
er unterrühren. Brühe,
Zucker und Ketjap Asin zugeben. Alles 2–3 Min. unter
Rühren braten. Salzen und
mit Petersilie bestreuen.

Vegetarisch
Nudeln mit Sprossen

FÜR 2 PERSONEN

➤ Salz | 125 g Mie-Nudeln
1 rote Paprikaschote
150 g Mungbohnen-
sprossen
50 g Bambussprossen
(aus der Dose)
1 kleine Zwiebel
1 Knoblauchzehe
1 Stück frischer Ingwer
(etwa walnussgroß)
1 EL Hoisin-Sauce
3 EL Pflanzenöl zum Braten
3 eingeweichte gehackte
Mu-Err-Pilze
1 TL Sesam-Würzöl
1 EL chinesischer Schnittlauch in Röllchen

🕐 Zubereitung: 35 Min.
➤ Pro Portion etwa: 390 kcal

1 | Reichlich Salzwasser zum
Kochen bringen. Die Nudeln
darin nach Packungsanwei-
sung bissfest garen; dann
abgießen, kalt abbrausen und
abtropfen lassen.

2 | Die Paprikaschote
waschen, halbieren und putzen und in feine Streifen
schneiden. Die Mungboh-
nensprossen abbrausen und
abtropfen lassen. Die Bambussprossen abtropfen lassen
und eventuell in Streifen
schneiden. Zwiebel, Knob-
lauch und Ingwer schälen.
Die Zwiebel längs halbieren
und in Spalten schneiden,
Knoblauch und Ingwer fein
hacken. Die Hoisin-Sauce mit
4 EL Wasser glatt verrühren.

3 | Erst den Wok, dann das Öl
darin erhitzen. Ingwer und
Knoblauch 2 Sek. anbraten.
Zwiebel, Paprikastreifen,
Sprossen und Pilze zugeben
und unter Rühren 3–4 Min.
braten. Die Nudeln untermi-
schen und umwenden. Hoi-
sin-Sauce und Würzöl unter-
mischen. Mit Schnittlauch
bestreuen.

Fische und Meeresfrüchte

Asiens Köche lieben Fisch und Meeresfrüchte, vor allem, wenn sie ganz frisch sind. Meist werden sie klein geschnitten, mariniert und im Wok knusprig gebraten, dann wird eine würzige Sauce zubereitet und alles zusammen kurz erhitzt. In China, wo im Landesinneren hauptsächlich Süßwasserfische wie Zander und Karpfen gegessen werden, schätzt man eher milde Würze, in Thailand dagegen scharfe Currysaucen. In Vietnam gehören viele Kräuter dazu.

Blitzrezepte

Fisch in Zitronensauce

FÜR 2 PERSONEN

➤ 250 g helles festes Fischfilet (z. B. Seelachs) │ 3 EL Zitronensaft │ 3 EL Sake
Salz │ 1 EL Pflanzenöl zum Braten
4 EL Gemüsebrühe │ 1/2 TL Speisestärke │ 1 EL Zitronenmarmelade

1 │ Fisch in Stücke schneiden. Mit Zitronensaft, Sake und etwas Salz vermischen,
5 Min. marinieren.

2 │ Den Fisch herausheben und trockentupfen. Erst den Wok, dann das Öl darin
erhitzen. Fisch zugeben und bei mittlerer
Hitze 2–3 Min. braten, dann herausheben.

3 │ Marinade mit Brühe und Stärke verrühren, dazugeben und aufkochen lassen.
Die Marmelade einrühren und schmelzen
lassen, salzen. Heiß zum Fisch servieren.

Garnelen mit Erbsen

FÜR 2 PERSONEN

➤ 125 g gegarte geschälte Garnelen
(Shrimps) │ 100 g Erbsen (tiefgekühlt)
1 Stück frischer Ingwer (etwa walnussgroß) │ 100 g Bambussprossen (Dose)
1 TL Speisestärke │ 2 EL Shaoxing-Reiswein │ 2 EL Pflanzenöl zum Braten
Salz │ schwarzer Pfeffer │ Sojasauce

1 │ Garnelen und Erbsen getrennt über-
brausen, abtropfen lassen. Ingwer schälen,
fein hacken. Sprossen in Streifen schneiden. Stärke mit 3 EL kaltem Wasser
anrühren, mit Reiswein vermischen.

2 │ Erst den Wok, dann Öl erhitzen. Sprossen und Erbsen 2 Min. braten; salzen und
pfeffern. Garnelen mit Ingwer zugeben
und 1 Min. unter Rühren braten. Stärke
zugeben und aufkochen lassen. Eventuell
mit Sojasauce würzen.

Spezialität aus Thailand

Fischtaler mit Gurkenrelish

FÜR 2 PERSONEN

➤ 2 EL Zucker

50 ml heller Reisessig

1/2 Salatgurke

2 EL gesalzene Erdnusskerne

2 grüne Thai-Chilischoten

150 g Fischfilet (z. B. Seelachs, Rotbarsch)

75 g gegarte geschälte Garnelen

25 g Kokosraspel

1 EL rote Thai-Currypaste

1/2 TL brauner Zucker

Salz | schwarzer Pfeffer

5 EL Pflanzenöl zum Braten

Salatblätter zum Anrichten

⊙ Zubereitung: 30 Min.

➤ Pro Portion etwa: 490 kcal

1 | Zucker mit Essig aufkochen und abkühlen lassen. Gurke streifig schälen, längs vierteln, die Viertel in Scheiben schneiden. Mit dem Essigsirup vermischen, kalt stellen. Erdnüsse grob hacken.

2 | Die Chilis waschen, putzen und fein hacken. Den Fisch trockentupfen und würfeln. Mit Garnelen und Chilis pürieren. Mit Kokosraspeln, Currypaste und Zucker vermischen, salzen und pfeffern. Daraus kleine Taler formen.

3 | Erst den Wok, dann das Öl darin erhitzen. Die Taler bei mittlerer Hitze in 3–4 Min. auf beiden Seiten goldbraun braten. Zum Entfetten auf Küchenpapier legen. Salatblätter waschen und trocknen und auf zwei Tellern verteilen. Die warmen Fischtaler darauf anrichten. Das Gurkenrelish mit Erdnüssen bestreuen und dazu servieren.

Spezialität aus China

Omelett-päckchen

FÜR 2 PERSONEN

➤ 125 g gegarte geschälte Garnelen (Shrimps)

2 Frühlingszwiebeln

3 Eier

Salz | schwarzer Pfeffer

3 EL Pflanzenöl zum Braten

1 EL helle Sojasauce

1 EL Shaoxing-Reiswein

⊙ Zubereitung: 20 Min.

➤ Pro Portion etwa: 280 kcal

1 | Garnelen kalt überbrausen, abtropfen lassen und trockentupfen. Frühlingszwiebeln waschen und putzen. Die weißen Teile sehr schräg in Stücke schneiden und das Grün schräg in feine Ringe. Die Eier mit etwas Salz und Pfeffer verquirlen.

2 | Erst den Wok, dann 1 EL Öl darin stark erhitzen. Die hellen Frühlingszwiebelstücke mit den Garnelen unter Rühren 1–2 Min. braten. In einer Schüssel mit Sojasauce würzen.

3 | Den Wok säubern und erhitzen. Etwas Öl darin schwenken und ein Viertel von der Eiermasse in den Wok gießen, den Wok rasch drehen. Sobald das Omelett fast gestockt ist, ein Viertel der Garnelen mit Frühlingszwiebeln in die Mitte geben, die Seiten des Omeletts darüber klappen. Wenden und etwa 30 Sek. braten, bis das Päckchen zusammenhält. Auf eine vorgewärmte Platte legen und aus der restlichen Eimasse drei Päckchen braten. Mit Reiswein beträufeln und mit Frühlingszwiebelgrün bestreuen.

Macht was her | Scharf

Gambas mit Ananas in roter Thai-Currysauce

FÜR 2 PERSONEN

➤ 6 große rohe ungeschälte
Gambas (Riesengarnelen;
je 40–50 g)

4 ungesüßte Ananasschei-
ben aus der Dose
(ca. 125 g)

2 Kaffirlimettenblätter

3 Krachai-Wurzeln
(ersatzweise 1 Stück
frischer Ingwer)

5 Zweige Thai-Basilikum

1 kleine Dose Kokosmilch
(160 ml Inhalt)

2 EL rote Thai-Currypaste

1 EL Fischsauce

1 TL Worcestersauce

1 TL brauner Zucker

⏲ Zubereitung: 45 Min.

➤ Pro Portion etwa: 210 kcal

1 | Gambas kalt überbrausen und abtropfen lassen. Gambas so schälen, dass Kopfteil und Schwanzflossen daranbleiben. Am Rücken einschneiden, den Darm entfernen. Kurz kalt abspülen und trockentupfen.

2 | Ananasscheiben in Stücke schneiden. Kaffirlimettenblätter waschen und ohne Mittelrippe in feine Streifen schneiden. Die Krachai-Wurzeln schälen, schräg in feine Scheibchen schneiden. Basilikum waschen und trockenschütteln, die Blätter abzupfen, die Spitzen ganz lassen.

3 | Von der Oberfläche der Kokosmilch 3 EL der dicken Masse abschöpfen und im Wok erhitzen, bis sich ein Ölfilm bildet. Currypaste zugeben, unter Rühren schmoren, bis sie duftet. Ananasstücke und restliche Kokosmilch zugeben. Garnelen in die Sauce legen und bei schwacher Hitze 5–7 Min. ziehen lassen, bis sie rot gefärbt sind. Limetten- und Krachaistreifen mit Thai-Basilikum zugeben. Mit Fischsauce, Worcestersauce und Zucker abschmecken. Mit Basmati-Reis servieren.

TIPP Krachai oder Fingerwurz schmeckt wie Ingwer, aber stärker nach Kampfer und wird für Fischcurrys verwendet.

1 ▸ Schälen
Gambas schälen, Kopf und Schwanz dranlassen.

2 ▸ Darm entfernen
Gambas am Rücken einschneiden und den Darm herauslösen.

3 ▸ Krachai schälen
Von vier Seiten die Schale senkrecht abschneiden.

4 ▸ Abschöpfen
Oberfläche von der Kokosmilch abheben.

Spezialität aus Vietnam

Tintenfisch mit Kräutern

FÜR 2 PERSONEN

➤ 350 g Tintenfische (Sepien; küchenfertig vorbereitet)
Salz
1 Zwiebel
2 Knoblauchzehen
2 grüne Thai-Chilischoten
1 Kaffirlimettenblatt
1 Stück frischer Ingwer (etwa walnussgroß)
je 3 Zweige Petersilie, Thai-Basilikum, Minze und Koriandergrün
3 EL Pflanzenöl zum Braten
1/8 l Fischfond
2 EL Fischsauce
schwarzer Pfeffer

🕐 Zubereitung: 35 Min.
➤ Pro Portion etwa: 360 kcal

1 | Die Tintenfische kalt abspülen und längs halbieren. In kochendem Salzwasser 1 Min. blanchieren, herausnehmen, eiskalt abschrecken und abtropfen lassen.

2 | Zwiebel und Knoblauch schälen. Die Zwiebel in Streifen, den Knoblauch in Scheiben schneiden. Die Chilis waschen und in feine Schei-ben schneiden. Das Kaffirli-mettenblatt ohne Mittelrippe in hauchfeine Streifen schnei-den. Ingwer schälen. Die Kräuter waschen, die Blätt-chen abzupfen.

3 | Erst den Wok, dann das Öl darin erhitzen. Zwiebel und Knoblauch bei starker Hitze unter Rühren 3–4 Min. braten. Die Hitze verringern, die Tin-tenfische zugeben und 3 Min. braten. Ingwer dazureiben. Chilis und Fond zugeben. Kräuter und Limettenblatt untermischen, alles aufkochen lassen. Mit Fischsauce, Salz und Pfeffer abschmecken.

Spezialität aus China

Fisch süßsauer

FÜR 2 PERSONEN

➤ 250 g Zanderfilet mit Haut (ersatzweise Forellenfilets)
Salz | 2 EL Speisestärke
1 Frühlingszwiebel
2 Knoblauchzehen
1 Stück frischer Ingwer (etwa walnussgroß)
je 1 EL helle Sojasauce, Shaoxing-Reiswein und heller Reisessig
1 EL Tomaten-Ketchup
1 TL Zucker
3 EL Pflanzenöl zum Braten

🕐 Zubereitung: 25 Min.
➤ Pro Portion etwa: 255 kcal

1 | Den Fisch trockentupfen, auf der Hautseite rautenför-mig einschneiden und leicht salzen. Die Filets in etwa 4 cm breite Stücke schneiden und in 1 1/2 EL Stärke wenden.

2 | Die Frühlingszwiebel waschen und putzen. Nur den hellen Teil klein würfeln. Knoblauch und Ingwer schälen, beides fein hacken.

3 | Sojasauce, Reiswein und Essig mit Ketchup, Zucker und der übrigen Stärke (etwa 1/2 TL) verrühren.

4 | Erst den Wok, dann das Öl darin erhitzen. Den Fisch zuerst auf der Hautseite bei starker Hitze in 4 Min. bra-ten, dann auf der Fleischseite 2–3 Min. braten. Den Fisch auf Küchenpapier abtropfen lassen. Das Öl bis auf einen kleinen Rest abgießen. Früh-lingszwiebel, Knoblauch und Ingwer unter Rühren etwa 2–3 Min. braten. Die Sojasau-cenmischung zugeben und einmal aufkochen lassen. Über oder neben die Filets gießen.

Spezialität aus Japan
Lachsfilet mit Pilzen

FÜR 2 PERSONEN

➤ 4 getrocknete Shiitake-Pilze
1 kleine Möhre
1 Frühlingszwiebel
150 g grüne Paprikaschote
3 EL Sake
1 EL Zucker
1 EL japanische Sojasauce
2 EL Reismehl
250 g Lachsfilet
3 EL Pflanzenöl zum Braten
Salz

🕐 Zubereitung: 40 Min.
➤ Pro Portion etwa: 485 kcal

1 | Die Pilze in warmem Wasser 30 Min. einweichen. Die Möhre waschen, schälen und in feine Streifen schneiden. Die Frühlingszwiebel waschen und putzen. Nur den hellen Teil in feine Scheiben schneiden. Paprikaschote waschen, halbieren, putzen und in feine Streifen schneiden.

2 | Sake, Zucker, Sojasauce und 1 TL Reismehl mit 100 ml Wasser verrühren. Die Pilze ausdrücken, die

Stiele entfernen und die Hüte in feine Streifen schneiden.

3 | Fisch in Stücke schneiden, trockentupfen und im restlichen Reismehl wenden. Erst den Wok, dann das Öl darin erhitzen. Den Fisch rundum knusprig anbraten, leicht salzen. Auf eine Platte heben.

4 | Im verbliebenen Öl Pilze und Gemüse unter Rühren kurz anbraten, die Reiswein-Mischung zugeben und aufkochen lassen, bis die Sauce gebunden ist. Nach Bedarf etwas Einweichwasser zugießen. Das Gemüse über den Lachs geben und servieren.

Gelingt leicht
Mandarin-Fisch

FÜR 2 PERSONEN

➤ 200 g festfleischiges Fischfilet (z. B. Viktoriabarsch)
1 TL Speisestärke
1 Eiweiß
Salz | Pfeffer
je 1 kleine rote und grüne Paprikaschote
1 kleine Frühlingszwiebel
5 EL Pflanzenöl zum Braten
30 g Pinienkerne
2 EL Shaoxing-Reiswein
1 TL Sesam-Würzöl

🕐 Zubereitung: 30 Min.
➤ Pro Portion etwa: 430 kcal

1 | Den Fisch trockentupfen und in Streifen schneiden. Die Stärke mit 1 TL Wasser anrühren, mit Eiweiß, Salz und Pfeffer verquirlen. Die Fischstreifen untermischen.

2 | Paprikaschoten waschen, halbieren, putzen und in Streifen schneiden. Die Frühlingszwiebel waschen und putzen. Nur den hellen Teil fein hacken.

3 | Erst den Wok, dann das Öl darin erhitzen. Die Pinienkerne bei starker Hitze rösten, dann auf Küchenpapier abtropfen lassen.

4 | Fisch im heißen Öl schnell umwenden, bis er goldgelb ist, herausheben und abtropfen lassen. Paprikastreifen unter Rühren 2–3 Min. braten, dann herausheben. Das Öl bis auf einen kleinen Rest abgießen. Die Frühlingszwiebel 1–2 Min. braten. Reiswein zugießen, aufkochen lassen. Fisch, Paprika und Pinienkerne untermischen, mit Salz und Sesam-Würzöl würzen.

im Bild links: Lachsfilet mit Pilzen   *im Bild rechts:* **Mandarin-Fisch** ➤

Asiens Fleischgerichte

In Asien isst man nicht Fleisch mit etwas Gemüse dazu, sondern Gemüse mit einem bisschen Fleisch. Das ist nicht nur gesünder, sondern auch preiswerter. Deshalb sollten Sie sich eine besonders gute Qualität leisten, am besten Fleischstücke von Tieren aus biologischer Aufzucht. Und nicht zu mager dürfen die Stücke sein, ein paar Fettadern halten das Fleisch beim kurzen Braten saftig.

Blitzrezepte

Zwiebel-Rindfleisch

FÜR 2 PERSONEN

➤ 175 g zartes Rindfleisch (z. B. Steaks; ersatzweise Lammfleisch) | 2 EL Ponzu-Sauce | 1 TL Speisestärke | 2 EL Pflanzenöl zum Braten | 2 Zwiebeln | Salz

1 | Das Fleisch trockentupfen und in feine Streifen schneiden. 1/2 EL Ponzu-Sauce mit Stärke und 1/2 EL Öl verrühren. Das Fleisch darin 10 Min. ziehen lassen.

2 | Zwiebeln schälen und in feine Spalten schneiden. Erst den Wok, dann das Öl darin erhitzen. Das Fleisch in 1–2 Min. unter Rühren leicht braun anbraten, dann herausheben. Die Zwiebeln 2–3 Min. im verbliebenen Öl goldbraun werden lassen. Das Fleisch zugeben, mit restlicher Ponzu-Sauce und Salz würzen.

Hackfleisch mit Spinat

FÜR 2 PERSONEN

➤ 1 Paket Blattspinat, (tiefgekühlt; ca. 300 g) | 200 g Hackfleisch vom Schwein 1 Knoblauchzehe | Salz | 1 TL Paprikapulver, rosenscharf | 1 EL Pflanzenöl zum Braten | 2 EL helle Sojasauce

1 | Spinat nach Packungsangabe, aber kürzer garen. In einem Sieb kalt überbrausen und abtropfen lassen.

2 | Fleisch in eine Schüssel geben. Knoblauch schälen, dazupressen, mit Salz und Paprikapulver würzen und mischen. Spinat sehr fest ausdrücken und zerpflücken.

3 | Erst den Wok, dann das Öl darin erhitzen. Das Fleisch unter Rühren 2–3 Min. braten. Sojasauce darüber träufeln. Spinat untermischen und heiß werden lassen.

47

Macht was her | Schnell

Pilzgemüse mit Entenbrust

FÜR 2 PERSONEN

➤ je 3 getrocknete Mu-Err- und Shiitake-Pilze

300 g Austernpilze oder Egerlinge

2 Frühlingszwiebeln

1 Möhre

100 g Zuckerschoten

1 TL Speisestärke

1 EL Shaoxing-Reiswein

2 TL helle Sojasauce

2 EL Pflanzenöl zum Braten

75 g geräucherte Entenbrust in Scheiben

🕐 Zubereitung: 35 Min.

➤ Pro Portion etwa: 240 kcal

1 | Die getrockneten Pilze in heißem Wasser 20 Min. quellen lassen. Austernpilze putzen, säubern und in Streifen schneiden. Frühlingszwiebeln waschen und putzen. Nur die hellen Teile in feine Scheiben schneiden. Möhre waschen, schälen, längs rundum einkerben und in dünne Scheiben schneiden. Die Zuckerschoten waschen, eventuell entfädeln, schräg in Streifen schneiden.

2 | Die Pilze ausdrücken. Die Stiele entfernen und die Hüte in Streifen schneiden. Stärke mit Reiswein und Sojasauce anrühren, mit 75 ml Einweichwasser verrühren.

3 | Erst den Wok, dann das Öl darin erhitzen. Frühlingszwiebeln und Möhre bei mittlerer Hitze unter Rühren 2–3 Min. braten, ohne dass sie bräunen. Pilze zugeben und 5 Min. braten. Zuckerschoten 1 Min. unter Rühren braten. Sauce zugießen und unter Rühren aufkochen lassen, bis sie gebunden ist. Anrichten und mit Entenbrust umlegen.

Spezialität aus Thailand

Hähnchen in Currysauce

FÜR 2 PERSONEN

➤ 250 g Hähnchenbrustfilet

2 EL Fischsauce

2 Knoblauchzehen

2 Zweige Thai-Basilikum

150 g rote Paprikaschote

2 EL Pflanzenöl zum Braten

1 EL rote Currypaste

je 1 EL helle Sojasauce und Austernsauce

1 TL Zucker

🕐 Zubereitung: 30 Min.

➤ Pro Portion etwa: 385 kcal

1 | Das Fleisch erst längs in Streifen schneiden, dann quer klein würfeln. Mit der Fischsauce vermischen, 10 Min. marinieren.

2 | Den Knoblauch schälen, in Stücke schneiden und im Mörser zerstampfen.

3 | Basilikum waschen, trockenschütteln, die Blätter abzupfen. Die Paprikaschote waschen, halbieren, putzen und in Streifen schneiden.

4 | Erst den Wok, dann das Öl darin erhitzen. Fleisch mit Paprika anbraten. Die Knoblauch- und Currypaste zugeben und bei mittlerer Hitze etwa 1 Min. braten. Soja- und Austernsauce, Zucker und etwas Wasser unterrühren, alles etwa 2 Min. garen. Basilikum zugeben, eventuell mit Sojasauce abschmecken.

➤ Getränke: milder, nicht zu schwerer Weißwein (z. B. Riesling oder Gewürztraminer Spätlese).

Macht was her | Würzig

Entenbrust in Pflaumenwein-Orangensauce

FÜR 2 PERSONEN

➤ 1 Entenbrustfilet
(Barberieente; ca. 300 g)

1 kleine unbehandelte
Orange

2 Knoblauchzehen

Salz

je 1/4 TL Koriander, Piment
und Pfeffer, gemahlen

1 kleine Zwiebel

1 frische rote Chilischote

1 EL Pflanzenöl zum Braten

2 EL Pflaumenwein

2 EL Mango-Chutney

1 EL grob gehacktes
Koriandergrün

🕐 Zubereitung: 30 Min.

🕐 Marinierzeit: 3 Std.

➤ Pro Portion etwa: 440 kcal

1 | Das Fleisch trockentupfen, die Haut rautenförmig einschneiden. Die Orange heiß waschen, abtrocknen, 1 EL Schale abreiben; halbieren den Saft auspressen und mit der Schale mischen. Die Hälften sauber putzen und beiseite stellen. Knoblauch schälen und zum Orangensaft pressen. Mit Salz, Koriander, Piment und Pfeffer verrühren. Das Fleisch darin zugedeckt 2–3 Std. im Kühlschrank marinieren.

2 | Fleisch herausheben und trockentupfen. Die Marinade beiseite stellen. Die Zwiebel schälen und fein hacken. Chilischote längs aufschlitzen, entkernen, waschen, würfeln.

3 | Erst den Wok, dann das Öl darin erhitzen. Das Fleisch auf der Hautseite 8 Min. braten, wenden und 6 Min. braten. Herausheben und zugedeckt warm halten. Das Bratfett bis auf einen kleinen Rest abgießen. Die Zwiebel im verbliebenen Fett unter Rühren in 3–4 Min. goldgelb werden lassen. Chili unterrühren. Mit Pflaumenwein ablöschen. Marinade durch ein Sieb zugeben, 2–3 Min. einkochen lassen, salzen.

4 | Das Fleisch in Scheiben schneiden und in der Sauce erhitzen. Die Orangenhälften mit Mango-Chutney füllen. Beides anrichten. Mit Koriandergrün bestreuen.

1 ➤ **Einschneiden**
Die Haut mit einem Messer rautenförmig einschneiden.

2 ➤ **Orangen säubern**
Nach dem Auspressen das Innere der Orangenhälften auskratzen.

3 ➤ **Braten**
Entenbrust erst auf der Hautseite knusprig anbraten.

4 ➤ **Servieren**
Das Fleisch schräg in Scheiben schneiden.

Spezialität aus China

Schweinefilet mit Bohnen

FÜR 2 PERSONEN

- ➤ 3 getrocknete chinesische Baumpilze (Mu-Err-Pilze)
  175 g dicke Bohnenkerne (tiefgekühlt und angetaut)
  150 g Schweinefilet
  2 EL helle Sojasauce
  2 EL Reiswein
  1 1/2 TL Speisestärke
  2 TL brauner Zucker
  1 Frühlingszwiebel
  1 Stück frischer Ingwer (etwa walnussgroß)
  2 Knoblauchzehen
  2 EL Pflanzenöl zum Braten

- ⏱ Zubereitung: 35 Min.
- ➤ Pro Portion etwa: 310 kcal

1 | Pilze in heißem Wasser 15 Min. einweichen. Von den Bohnen die ledrigen Häute abziehen. Das Filet trockentupfen, längs halbieren, quer in dünne Scheiben schneiden. Mit 1/2 EL Sojasauce, 1 EL Reiswein und 1/2 TL Stärke vermischen. Restliche Stärke mit Zucker, restlicher Soja-sauce und übrigem Reiswein in 50 ml kaltem Wasser anrühren. Pilze ausdrücken und in Streifen schneiden.

2 | Frühlingszwiebel waschen und putzen. Nur den hellen Teil in feine Scheiben schnei-den. Ingwer und Knoblauch schälen, beides fein hacken.

3 | Erst den Wok, dann das Öl darin stark erhitzen. Das Fleisch unter Wenden in etwa 2 Min. leicht braun braten. Bohnen, Ingwer, Frühlings-zwiebel und Knoblauch zuge-ben und etwa 1 Min. mitbra-ten. Pilze und Stärke unter-rühren und etwa 1/2 Min. unter Rühren kochen lassen. Anrichten und sehr heiß mit Reis servieren.

Kalorienarm | Scharf

Schweinefleisch mit Currysauce

FÜR 2 PERSONEN

- ➤ 150 g Schweinefleisch (Lende oder Filet)
  1 TL Speisestärke
  je 1 TL helle Sojasauce und Fischsauce
  1 große Zwiebel
  3 Möhren
  100 g Chinakohl
  75 g weißer Rettich (Daikon)
  2 EL Pflanzenöl zum Braten
  2 EL grüne Thai-Currypaste
  helle Sojasauce

- ⏱ Zubereitung: 35 Min.
- ➤ Pro Portion etwa: 245 kcal

1 | Das Fleisch trockentupfen, in dünne Scheiben schneiden. Mit Stärke, Soja- und Fischsauce vermischen und 10 Min. marinieren.

2 | Die Zwiebel schälen und in feine Spalten schneiden. Die Möhren waschen, schälen, längs in dünne Schei-ben, diese quer in Rauten schneiden. Den Chinakohl waschen und in Streifen schneiden. Den Rettich schälen und grob raspeln.

3 | Erst den Wok, dann das Öl darin erhitzen. Das Fleisch bei starker Hitze etwa 3 Min. anbraten. Das Gemüse ohne Rettich zugeben und alles 2–3 Min. unter Rühren bra-ten. Die Currypaste unter-rühren. 150 ml Wasser zu-gießen und einmal aufkochen lassen. Mit heller Sojasauce abschmecken. Mit Rettich-streifen bestreut servieren.

Spezialität aus China

Reis mit Lamm und Gemüse

FÜR 2 PERSONEN

- ➤ 3 getrocknete Shiitake-Pilze
- 125 g Lammlende (ersatzweise Lammfleisch aus der Keule)
- 1 Frühlingszwiebel
- 2 EL helle Sojasauce
- 3 TL Reiswein
- 2 EL Pflanzenöl
- 125 g Langkorn-Reis | Salz
- 1 Möhre
- 1 rote Paprikaschote
- 100 g gemischte Sprossen (Mungbohnen-, Linsen- und Rettichsprossen)
- 2 EL Pflanzenöl zum Braten
- 1 TL schwarze Sesamsamen

🕐 Zubereitung: 45 Min.
➤ Pro Portion etwa: 495 kcal

1 | Die Pilze in heißem Wasser 20 Min. quellen lassen. Die Lende trockentupfen und in feine Streifen schneiden. Frühlingszwiebel waschen und putzen. Von dem hellen Teil ein Stück von etwa 2 cm fein hacken, den Rest schräg in Ringe schneiden. Fleisch mit der gehackten Frühlings-zwiebel, 1 EL Sojasauce, 1 TL Reiswein und 1 TL Öl vermischen, zugedeckt marinieren.

2 | Den Reis waschen und abtropfen lassen. Mit 265 ml Salzwasser zum Kochen bringen und nach dem Rezept auf Seite 8 garen.

3 | Möhre waschen, schälen und in Dreiecke schneiden. Paprikaschote waschen, halbieren und putzen, in feine Streifen schneiden. Die Pilze ausdrücken, das Einweich-wasser beiseite stellen, die harten Stiele entfernen und die Hüte in Streifen schneiden. Die Sprossen heiß überbrausen, abtropfen lassen.

4 | Erst den Wok, dann 1 EL Öl darin erhitzen. Das Fleisch samt Marinade zugeben und bei starker Hitze 2 Min. unter Rühren braten, dann herausheben. Das restliche Öl erhitzen und das Gemüse, Pilze und Sprossen 1–2 Min. braten. Mit übriger Sojasauce, Reiswein und Salz würzen.

5 | Sesamsamen rösten und mit dem Reis mischen. Mit Gemüse und Fleisch dekorativ anrichten.

Gelingt leicht

Rindfleisch mit Brokkoli

FÜR 2 PERSONEN

- ➤ 200 g zartes Rindfleisch (z. B. Steaks)
- 1/2 EL Sojasauce
- 1 TL Speisestärke
- 2 EL Pflanzenöl zum Braten
- 300 g TK-Brokkoli
- 1 Prise Zucker | 1/2 TL Salz
- 3 EL Reiswein
- 3 EL kräftige Hühnerbrühe

🕐 Zubereitung: 20 Min.
➤ Pro Portion etwa: 285 kcal

1 | Fleisch trockentupfen, in Streifen schneiden. Mit Sojasauce, Stärke und der Hälfte vom Öl vermischen. Brokkoli nach Packungsangabe, aber kürzer garen. In einem Sieb kalt überbrausen und gut abtropfen lassen.

2 | Erst den Wok, dann übriges Öl darin erhitzen. Das Fleisch bei starker Hitze unter Rühren 3–5 Min. braten. Den Brokkoli untermischen. Mit Zucker und Salz würzen. Mit Reiswein und Hühnerbrühe offen 1 Min. kochen lassen.

Macht was her | Scharf
Rindfleisch mit Cashewkernen

FÜR 2 PERSONEN

➤ 175 g zartes Rindfleisch (z. B. Steaks)
  1 TL Speisestärke
  1 Bund Frühlingszwiebeln (ca. 300 g)
  2 kleine Möhren
  2 Stangen Staudensellerie
  2 rote Thai-Chilischoten
  2 Knoblauchzehen
  2 EL Tomaten-Ketchup
  1 EL dunkle Sojasauce
  1/2 TL Sambal oelek
  2 EL Pflanzenöl zum Braten
  25 g Cashewkerne | Salz

🕒 Zubereitung: 30 Min.
➤ Pro Portion etwa: 625 kcal

1 | Fleisch trockentupfen, in Streifen schneiden, mit Stärke vermischen. Gemüse waschen und putzen. Frühlingszwiebeln schräg in Ringe, Möhren in Streifen schneiden. Staudensellerie schräg in Stücke schneiden. Chilis waschen, putzen und in feine Ringe schneiden, dabei Kerne entfernen. Knoblauch schälen und hacken. Ketchup, Sojasauce und Sambal oelek mit 100 ml Wasser verrühren.

2 | Erst den Wok, dann das Öl darin erhitzen. Die Cashewkerne in 2–3 Sek. goldbraun rösten, herausheben. Fleisch im verbliebenen Öl unter Rühren in 2–3 Min. braun anbraten. Gemüse, Chilis und Knoblauch zugeben und etwa 3 Min. unter Rühren braten. Ketchupmischung zugießen und aufkochen lassen. Salzen und mit Cashewkernen bestreut servieren.

Spezialität aus Indien
Lammfleisch-Curry mit Spinat

FÜR 2 PERSONEN

➤ 300 g TK-Blattspinat
  200 g mageres Lammfleisch (Keule oder Lende)
  2 Zwiebeln
  1 Knoblauchzehe
  1 Stück frischer Ingwer (etwa walnussgroß)
  1 EL Butterschmalz
  1/4 TL Chilipulver
  je 1/2 TL gemahlener Kreuzkümmel, Koriander, Kardamom und Kurkuma
  1/4 TL Bockshornkleesamen
  100 g Sahne-Joghurt

🕒 Zubereitung: 45 Min.
➤ Pro Portion etwa: 245 kcal

1 | Den Spinat in einem Sieb mit heißem Wasser überbrausen und bis zum Garen antauen lassen. Das Fleisch trockentupfen und klein würfel. Zwiebeln und Knoblauch schälen, beides in Streifen schneiden. Ingwer schälen und fein hacken.

2 | Erst den Wok, dann das Butterschmalz darin erhitzen. Die Zwiebeln erst bei starker, dann bei mittlerer Hitze in 3–4 Min. leicht braun werden lassen. Fleisch, Ingwer und Knoblauch zugeben, unter Rühren 7–10 Min. braten.

3 | Die Gewürze unterrühren und 1 Min. anbraten. 150 ml Wasser aufgießen und alles zugedeckt bei schwacher Hitze 20 Min. garen, dabei ab und zu umrühren. Den Spinat zugeben und 10 Min. zugedeckt garen. Zuletzt die Sauce offen bei starker Hitze in 5 Min. einkochen lassen. Den Joghurt unterrühren und heiß werden lassen.

Bockshornkleesamen

Auch Methi Seeds oder griechischer Heusamen genannt, im Asienladen erhältlich. Sie werden meist in Fett geröstet, dürfen aber nicht zu dunkel werden. Beim Schmoren lösen sie sich auf und schmecken intensiv und curryähnlich. Ersatz: getrocknete Sellerie- und Liebstöckelblätter. Getrocknete Blätter werden unter den Namen Methi oder Fenugreek im Asienladen verkauft und erst zum Schluss über die Gerichte gestreut.

Bohnenpasten

Gelbe Pasten sind mild-salzig und werden zum Würzen von Fischgerichten verwendet. Schwarze oder helle Pasten sind meist salziger, scharfe Bohnenpaste ist mit Chilis gewürzt. Rote Bohnenpaste und Bohnensauce enthält viel Zucker, die Paste wird für Süßigkeiten verwendet. Japanisches Miso ist eine dunkle, salzige Paste aus fermentierten Sojabohnen und einer Getreideart und kann als Ersatz verwendet werden, aber erst am Schluss zugeben und nicht mitkochen, sonst wird es bitter.

Chinesische Nudeln

Am bekanntesten sind die Glasnudeln, die es in jeder Asienabteilung gibt. Sie werden nicht gekocht, sondern nur mit heißem Wasser übergossen. Reisnudeln sind aus Reismehl hergestellt und werden in verschiedenen Formen – von fadendünn bis bandnudelbreit – angeboten. Je nach Größe werden sie kurz gekocht oder mit heißem Wasser übergossen. Mie-Nudeln sind chinesische Weizen-Spaghetti in Nestform oder gekräuselte Instant-Nudeln, die zu flachen Päckchen gepresst werden. Aus Japan kommen die Udon-Nudeln (Bandnudeln aus Hartweizenmehl), die Somen-Nudeln und die Soba-Nudeln aus Buchweizenmehl.

Chinesische Pilze

In jedem Asienregal findet man Mu-Err-Pilze (Black Fungus, chinesische Morcheln, Baumpilze oder »Wolkenohren«). Getrocknet sind sie fast schwarz, in Wasser eingeweicht werden sie bräunlich und leicht durchscheinend. Nach dem Quellen müssen die harten Stielansätze entfernt werden. Die Hüte haben keinen Eigengeschmack. Anders dagegen die Shiitake-Pilze (Tongu, Tongku), die es bei uns auch frisch gibt und die ein kräftiges Pilzaroma haben. Bei frischen und bei eingeweichten getrockneten Pilzen den harten Stängel entfernen.

Chinesischer Schnittlauch

Sieht ähnlich aus wie der gewöhnliche Schnittlauch, hat aber längere, flache Stängel und schmeckt leicht nach Knoblauch. Ist in Pflanzenmärkten als Topfpflanze erhältlich und lässt sich auch leicht aus Samen ziehen. Ersatz: heimischen Schnittlauch mit fein gehacktem Knoblauch mischen.

Fischsauce

Die braune Würzsauce heißt in Thailand »Naam Plaa«, in Vietnam »Nuoc Mam« oder »Nuoc Mom« und wird dort für jedes Gericht verwendet, da sie den Eigengeschmack der übrigen Zutaten verstärkt. Mit etwas Limettensaft und klein geschnittenen Chilis vermischt, dient sie zum Nachwürzen bei Tisch.

Chinesische Fischsauce ist dunkler und würzt intensiver, da sie meist Glutamat als Geschmacksverstärker enthält. Ersatz: helle Sojasauce mit etwas Sardellenpaste mischen.

Kardamom

Sehr intensives, süß-aromatisches Gewürz. Das Aroma steckt vorwiegend in den kleinen schwarzen Samen, die von einer Kapsel umschlossen sind. Kaufen Sie möglichst grüne Kardamomkapseln im Asienladen, helle haben weniger Aroma. Und gemahlener Kardamom hat schon beim Abfüllen seinen Geschmack verloren.

Kokosmilch

Fertige Kokosmilch erhält man in Dosen oder Tetrapacks. Kokoscreme (»Creamed Coconut«) ist püriertes Kokosfleisch und gibt es in Packungen im Asienregal. In etwa der dreifachen Menge kochend heißem Wasser auflösen und eventuell durch ein feines Sieb gießen. Kokosmilchpulver enthält noch Dextrin und ergibt nur eine weniger aromatische Milch. Ersatz: 2 Tassen getrocknete

Kokosraspel mit 2 Tassen kochend heißem Wasser übergießen, abkühlen lassen. Durch ein Tuch gießen und fest auspressen.

Koriander

Korianderkörner schmecken aromatisch und süßlich. In Asien wird das Kraut so häufig wie bei uns die Petersilie verwendet. Koriandergrün bekommt man in Kräutertöpfchen im Asienladen.

Kreuzkümmel

Kümmelähnliche Samen mit starkem Aroma, in Bioläden, Reformhäusern und Asienläden erhältlich. Zum Würzen von Fleisch, Fisch und Gemüsegerichten. Immer ganze Samen kaufen, gemahlener Kreuzkümmel verliert schnell sein Aroma.

Kurkuma

Auch Gelbwurz, Turmerik, Koenjit oder indonesischer Safran genannt. Wurzelstock eines Ingwergewächses, der getrocknet und zu Pulver zermahlen wird. Schmeckt herb-würzig, bei zu langer Lagerung muffig. Typisch ist

sein intensives Gelb, das auch Currypulvern und gelber Currypaste die Farbe verleiht. In Thailand bevorzugt man die frische Wurzel, die gerieben an Currygerichte gegeben wird.

Sambals

Scharf-würzige Pasten aus roten Chilischoten und Gewürzen, die in Indonesien zum Abschmecken und Nachwürzen am Tisch genommen werden. Am bekanntesten ist Sambal oelek (sehr scharf), Sambal Manis (milder, mit Zucker) und Sambal Tjampoer (feurig mit Kräutern und Krabbenextrakt). Gibt es im Asienregal. Ersatz: frische rote Chilis fein hacken.

Sichuanpfeffer

Auch Szechuanpfeffer, Anispfeffer oder Sansho. Die getrockneten Früchte eines Baumes sind scharf, schmecken nach Kardamom, Muskat und Limetten. Zum Würzen chinesischer Geflügel-, Fisch- und Fleischgerichte. Ganze Beeren aus dem Asienladen anrösten. Zum Würzen im Mörser zerstoßen.

Zum Gebrauch

Damit Sie Rezepte mit be-
stimmten Zutaten noch
schneller finden können, ste-
hen in diesem Register zusätz-
lich auch beliebte Zutaten wie
Bohnen, Erbsen, Garnelen –
ebenfalls alphabetisch geord-
net und **halbfett** gedruckt –
über den entsprechenden
Rezepten.

Der Autor

Reinhardt Hess machte vor über 20 Jahren sein Hobby zum Beruf und lernte bei der größten deutschen Kochzeitschrift das Handwerk, arbeitete dann in Kochbuchverlagen und ist seit 10 Jahren freier Autor, hat über 40 Koch- und Weinbücher geschrieben oder daran mitgearbeitet, zwei davon wurden mit der Silbermedaille der Gastronomischen Akademie ausgezeichnet. Lieblingsthemen sind die italienische Küche und pfiffige, originelle Rezepte, die er in seiner Küche selbst entwickelt.

Die Fotografin

Brigitte Sauer arbeitet seit 1995 – nach dem Abschluss einer Fotografenlehre und diversen Assistenzen– als selbstständige Fotografin für verschiedene Verlage und Zeitschriften sowie für die Werbung. Ihre Hauptbetätigungsfelder sind inzwischen die Bereiche Food und Lifestyle.

Hinweis

Die Temperaturstufen bei Gasherden variieren von Hersteller zu Hersteller. Welche Stufe Ihres Herdes der jeweils angegebenen Temperatur entspricht, entnehmen Sie bitte der Gebrauchsanweisung.

Bildnachweis

FoodPhotographie Eising, Martina Görlach: Titelfoto
Teubner Foodfoto: S. 6, S. 8, S.11 o.r., S. 11 u. Mitte, S. 11 u.r., U4 Mitte
Alle anderen: Brigitte Sauer, Nürnberg

Redaktionsleitung: Birgit Rademacker
Redaktion: Tanja Dusy
Lektorat: Redaktionsbüro Maryna Zimdars, München
Layout, Typografie und Umschlaggestaltung: Independent Medien Design, München
Satz: EDV-Fotosatz Huber/ Verlagsservice G. Pfeifer, Germering
Herstellung: Maike Harmeier
Reproduktion: Appl, Wemding
Druck: Appl, Wemding
Bindung: Sellier, Freising

ISBN 3-7742-4889-3

Auflage	5.	4.	3.	2.	1.
Jahr	2006	05	04	03	02

Das Original mit Garantie

Ihre Meinung ist uns wichtig. Deshalb möchten wir Ihre Kritik, gerne aber auch Ihr Lob erfahren. Um als führender Ratgeberverlag für Sie noch besser zu werden. Darum: Schreiben Sie uns! Wir freuen uns auf Ihre Post und wünschen Ihnen viel Spaß mit Ihrem GU-Ratgeber.

Unsere Garantie: Sollte ein GU-Ratgeber einmal einen Fehler enthalten, schicken Sie uns das Buch mit einem kleinen Hinweis und der Quittung innerhalb von sechs Monaten nach dem Kauf zurück. Wir tauschen Ihnen den GU-Ratgeber gegen einen anderen zum gleichen oder ähnlichen Thema um.

Ihr Gräfe und Unzer Verlag Redaktion Kochen Postfach 86 03 25 81630 München Fax: 089/41 98 1-113 e-mail: leserservice@ graefe-und-unzer.de

GU KÜCHENRATGEBER
Neue Rezepte für den großen Kochspaß

ISBN 3-7742-4894-X

ISBN 3-7742-4895-8

ISBN 3-7742-4899-0

ISBN 3-7742-4897-4

ISBN 3-7742-4887-7

ISBN 3-7742-4886-9

Das macht die GU Küchenratgeber zu etwas Besonderem:

➤ *Rezepte mit maximal 10 Hauptzutaten*
➤ *Blitzrezepte in jedem Kapitel*
➤ *alle Rezepte getestet*
➤ *Geling-Garantie durch die 10 GU-Erfolgstipps*

Gutgemacht. Gutgelaunt.

DER IDEALE WOK

➤ Muss für den Elektroherd einen flachen Boden haben.
➤ Soll leitfähigen Thermoboden oder Boden aus Aluguss haben.
➤ Lässt sich leicht reinigen.
➤ Ist mit einem Deckel vielseitig verwendbar.

Geling-Garantie für das Kochen im Wok

FISCHE & MEERESFRÜCHTE

➤ Müssen frisch, dürfen nie »fischig« riechen.
➤ Sollen keine gelblichen, trockenen Ränder haben.
➤ Meeresfrüchte aus der Tiefkühltruhe dürfen keine Reifschicht haben.
➤ Bis zum Braten zugedeckt im Kühlschrank aufheben.

RASCHES BRATEN

➤ Erst den Wok stark erhitzen, dann das Öl eingießen.
➤ Hoch erhitzbare Öle verwenden, kaltgepresste sind ungeeignet.
➤ Lieber zu viel als zu wenig Öl nehmen, nach dem Anbraten überschüssiges abgießen.
➤ Wenn das Öl Schlieren bildet, ist es heiß genug.
➤ Zutaten locker ins Öl streuen, rasch umwenden und rühren, nur kurz garen.

OPTIMAL WÜRZEN

➤ Bei Sojasaucen auf Qualität achten.
➤ Chinesische Sojasaucen für chinesische Gerichte, japanische für Gerichte aus Japan verwenden.
➤ Thailändische Currypasten ersparen viel Arbeit und geben auch anderen Saucen Pfiff.